LE SOUFFLE D'ALADDIN

Aladdin surfe, non pas sur les océans, il surfe sur le net. N'est pas Sinbad qui veut…
Elles sont loin les 1001 nuits si prometteuses, l'ordinateur a remplacé la lampe magique et les algorithmes le bon génie.
On lui promettait une ouverture sur le monde et jamais il ne s'est senti aussi à l'étroit, devant cette fenêtre luminescente.
On lui parlait d'un réseau sans limites et il ne s'est jamais senti aussi seul.
Confinement oblige : il surfe, poste, skype, compte ses likes, podcaste et perd la notion du temps. Il se dit qu'il aimait bien que les choses aient un début et une fin.
Pas facile de vivre avec la menace permanente de ce coco-vide 19. Aladdin préférait les monstres charnus, palpables : un coup de sabre, une formule magique, et le tour était joué. Sinon, on pouvait toujours fuir, mais là…

Alors Aladdin se dresse, ouvre grand la bouche et exhale un souffle de nature dans ce monde encombré.

On demande à Aladdin d'aller mettre un papier dans une boîte pour choisir les futurs dirigeants du pays… Depuis le coup du faux oncle africain, Aladdin se méfie : le mensonge est partout. Mais les présidents sont quand-même plus cools que le Sultan qui faisait couper toutes les têtes qui dépassent.

Alors Aladdin met son masque et va déposer son bulletin dans l'urne.

Dans la rue, Aladdin trouve étrange tous ces visages masqués. Il n'y a pas si longtemps, le port du niqab était interdit… Etrange revirement de l'histoire. Quant à trouver la princesse Badroulboudour là-dedans, pas la peine d'y penser.

Alors, Aladdin lève les yeux au ciel et rêve d'une transparence absolue.

Aladdin rêve d'un amour ancien. Un drôle de rêve, répétitif depuis plus de mille et une nuits, il ne compte plus. Son aventure n'a duré que quelques semaines et pourtant, elle a occulté la belle Badroulboudour ! La mesure du temps s'efface devant l'intensité de l'éphémère.

Alors Aladdin s'étire et tente d'embrasser le Grand Tout.

Les sages et les scientifiques l'affirment : l'apocalypse climatique approche. L'homme n'a pas pu, su, ou voulu contrôler son empreinte écologique, il est trop tard.

Un malheur n'arrivant jamais seul, les élections ont eu lieu : le royaume en prend pour cinq ans de plus d'ultralibérocapitalisme.

Alors Aladdin convoque le génie et lui demande une fusée pour atteindre les étoiles.

Grâce à la fusée fournie par le Génie, Aladdin a troqué le désastre contre les astres… Il en a vu de toutes les formes, de toutes les couleurs : Des géants, des nains, des solides et des gazeux. Des jeunes (quelques millions d'années à peine), des vieux (dont aucun chiffre ne peut rendre compte), des splendides et des glauques. Mais aucun pour abriter une vie perceptible par ses sens.

Et puis, Badroulboudour lui manquant, il décida de revenir en son royaume, tel Ulysse ' vivre entre ses parents le reste de son âge '.

Le problème, c'est que le temps spatial et le temps terrestre n'ayant aucun point commun, voilà qu'il débarque sur une planète déserte… Quelques dizaines d'années terrestres se sont à peine écoulées, mais l'humanité n'est plus là, quelques espèces animales tout au plus ayant échappé à la folie destructrice de l'homme. La planète s'est refait une santé, mais Aladdin est désormais seul, et triste. Plus de Badroulboudour, plus de méchants oncles, plus de sultans…

Alors, grâce à la lampe dont il ne s'est jamais séparé, Aladdin convoque à nouveau le génie.

- Génie, ramène-moi dans le passé. Je n'ai que faire d'une terre sans homme, sans vie et sans Badroulboudour.
- A ta guise, noble seigneur. Et si je ne craignais d'outrepasser mon domaine de compétences, je te conseillerais de ne rien dire de ce que tu as vu… L'humanité est-elle prête à accueillir la vérité ?
- Peu m'importe qu'elle le soit. Je dirai ce que j'ai vu afin que les sujets du royaume prennent en main leur destin. Peut-être les dieux nous seront-ils favorables ?
- Si j'étais toi, je ne compterais pas trop sur les dieux, leur pouvoir est bien plus fantasmé que réel. En tout cas, comparé au mien…
- Mais toi, tu seras toujours à mes côtés ?

- Si tu prends soin de la bague et de l'anneau et uniquement à cette condition, jeune Hobbit (je ne sais pas d'où je tiens ça, moi...)
- Je vois à quoi tu fais allusion, au jour où mon anneau est entré en orbite autour de la terre, pendant mon voyage astral… Combien de temps suis-je resté le doigt tendu, à attendre que l'anneau revienne s'y enfiler !

Alors, Aladdin et le génie partent d'un grand éclat de rire, qui fait vibrer le cosmos.

      Soucieux de ne plus être ' has-been', Aladdin achète un smartphone. C'est plus compliqué à utiliser – la lampe, on frotte, et hop, envoie la sauce – mais quelle prouesse magique : Aladdin voit tout, entend tout, voyage tout le temps, sans changer de place ! Alors il devient accro, encore plus qu'avec l'anneau ou la lampe. Les heures, les minutes et pour finir même les secondes, sans le smartphone deviennent angoissantes, douloureuses, voire insupportables.
Plutôt qu'un addictologue, Aladdin préfère consulter le génie : « Génie, dis-moi ce que je dois faire, là, je suis perdu, je souffre plus que quand je voyageais réellement ! ». Le génie montre du doigt son concurrent, le smartphone, et dit : « Fous cette merde au recyclage, et fais-toi à nouveau confiance ».

Alors, Aladdin se sépare du smartphone, et retrouve sa capacité à inventer…

L'OGRE ET L'ENFANT PAS FRAIS

« Mmh…. Ça sent la chair fraîche ! » dit l'ogre.
Et il approche sa grande carcasse de l'enfant accroupi.
- Que fais-tu donc tout seul ici, petit, en un endroit aussi désert ?
- Dessine-moi un ogre.
- Un ogre ? Elle est bien bonne celle-là ! Et pourquoi pas un aviateur aussi ? Je SUIS un ogre ! Un des derniers et des plus beaux de sa race !
- Ah ? Tu ne ressembles pourtant pas à ceux que j'ai vu dans les livres…
- Comment ça ? En quoi serais-je différent de ceux que tu connais ?
- Tu sens bon.
- Je sens bon ? Mais pas du tout ! Je suis sale, j'ai l'haleine chargée du mangeur de viande crue… Je suis un ogre, quoi !
- Et bien moi, je trouve que tu sens trop bon pour être un ogre…
- Non mais attends un peu, sent-moi de plus près »
Et l'ogre de s'accroupir à son tour au plus près de l'enfant. Soudain, il tressaute et dit avec une grimace de dégoût :
- Pouah ! Mais c'est toi qui pue horriblement ! Quelle infection ! Ah je comprends pourquoi tu trouves mon odeur agréable… Ah mais non, il ne sera pas dit que je m'abaisserai à manger de la viande avariée… ! »
Et l'ogre se redresse et s'enfuit à grandes enjambées…
L'enfant relève la tête et dit avec un petit sourire :
 -Voilà ce que c'est que de s'en prendre à l'enfant pas frais… ça n'est pas de ma faute s'il n'y a pas de douche sur la B 612 !

DISPARITION

A la fin du vingtième siècle, il y eut une terrible guerre tribale qui opposa les balayeurs aux techniciens de surface. Devant l'ampleur que prenait le conflit, les dieux décidèrent d'intervenir et posèrent la question solennelle :
« Qui à commencé ? »
Les agents de traitement de surface s'écrièrent d'un seule voix : « Les balayeurs ! ». Les balayeurs, de leur côté, mirent tellement de temps à dire : « Les agents de traitement de surface » que les dieux, irrités par l'attente (car on sait que de nos jours, même les dieux sont pressés), les éliminèrent tout de go.
C'est ainsi que les balayeurs disparurent de l'histoire, rejoignant les dinosaures et les petits commerçants.

REFLEXION SUR L'ENTRETOISE

Que penser d'une pièce qui assure la liaison et la solidité, tout en maintenant un écartement constant ?
Je vous vois venir : vous pensez confinement, pass sanitaire, restriction des libertés, distanciation maximum, tout ça pour le bien du groupe …

moi aussi

CONGE EXCEPTIONNEL

Monsieur le Directeur,

Aujourd'hui 24 juin 2018, j'ai calculé qu'en trente années d'accueil et de service du public à la Bibliothèque Municipale, j'ai totalisé 528000 « bonjour » et à peu-près autant de « au-revoir » de la part des usagers.
Une telle accumulation de souhaits de bonheur et de retrouvailles ne pouvant demeurer plus longtemps sans effets, je vous fais part de mon intention de demander un congé sabbatique prolongé, afin de vivre en temps réel tout ce bonheur différé.
Si toutefois et malgré ces 528000 promesses, la quantité de bonheur à laquelle je puis statistiquement prétendre ne s'avérait pas à la hauteur des prévisions, je solliciterai un retour anticipé, assorti si possible d'une prime spéciale de 'désabusion professionnelle '.

Je vous prie d'agréer, Mr le Directeur,
etc.

THE END

A l'arrivée était l'homme.
Fier de ses conquêtes,
mais honteux de son évolution.
A l'arrivée était l'homme.

La Terre qui lui avait donné naissance
n'était plus, à cause de lui,
qu'un désert aride et radioactif
où quelques survivants inutiles,
derniers milliardaires d'un monde ravagé,
croupissaient dans des abris-bulles
où plus rien n'était possible.

A l'arrivée était l'Homo-sapiens,
qui après avoir tant cru en sa divinité,
s'en était retourné dans sa caverne.

PARADOXES

A qui diras-tu ta folie ?

A qui oseras-tu confier

La sublime absurdité

De ton obsession ?

Passions, pressions, pulsions,

Encore un peu, laissez-moi profiter

De cet espace de liberté

Dont je jouis en votre absence...

Sainte inertie, sortez d'ici !

Pour un aussi banal chagrin

De quel droit sur ma vie,

Avez-vous mis la main ?

| EMBOUTEILLAGE DE SENS 1 |

IRREPARAVERSIVOCABILITE

| EGOTISTE 1 |

QUE SERAIS-JE SANS MOI ?

| SMS |

Au coeur tu m'as plaqué

c'est pas réglo,

t'aurais pu viser les jambes...

LE TESTAMENT

« Par ce testament, nous, objets culturels et dans la perspective de notre disparition prochaine, souhaitons faire connaître nos dernières dispositions.

Livre, CD, DVD, nous avons tous contribué à travers nos différences, à la diffusion de la culture sous toutes ses formes : écrite, imagée, sonore et audiovisuelle .

Exit pourtant le doux craquement du vinyl qui, parfois, rajoutait un tempo inattendu sur la musique… Exit le menu du DVD, devant lequel les utilisateurs novices attendaient que ça commence. Exit le CD qu'on avait quand-même – au moins une fois – envie de retourner pour voir ce qui se passe… Et chapeau à toi, le livre, qui, contre vents et marées, résiste le plus vaillamment. (Mais pour combien de temps encore?)…

Nous, objets de diffusion culturelle, souhaitons juste ne pas disparaître trop vite de vos mémoires. Nous vous demandons donc de garder de nous un souvenir respectueux, car malgré toutes nos imperfections, nous fûmes des vecteurs économiques et sociétaux non négligeables.

Nous rejoindrons très bientôt les K7 audio et vidéo, ainsi que leurs lecteurs appropriés : gramophones, électrophones, chaînes hi-fi, magnétophones, magnétoscopes, lecteurs CD, promus désormais au rang d'antiquités ou de perles rares pour collectionneur…

Un dernier mot ici pour souhaiter la bienvenue aux **N**ouvelles **T**echniques de l'**I**nformation et de la **C**ommunication qui nous détrônent, avant peut-être d'entrer à leur tour dans l'au-delà du 'vintage'. On est si peu de choses… »

2034

Maintenant, l'habitude est prise. Je sors très tôt, masqué et pass sanitaire à jour. On cuit à partir de 11h, canicule omniprésente, il vaut mieux être rentré avant, même si le pass autorise les sorties jusqu'à 14h. Les voitures thermiques n'existent plus, désormais on circule électrique et on accumule les déchets pour les génération futures, s'il y en a. On a oublié le bio, plus rien ne pousse de toute façon, on s'est résolu à une alimentation 100 % synthétique et cancérigène. Ça n'est pas grave, l'espérance de vie n'étant plus qu'un lointain souvenir, détrôné par l'espérance de survie.

Bon, après tout, 'faut pas trop râler', l'insécurité diminue : moins de sorties, moins de risques. Idem pour la surpopulation : on n'en parlera bientôt plus et ça maintiendra peut-être le vivant quelques décennies supplémentaires.

Ah oui, le Covid dans tout ça ? Il ne semble craindre plus rien : chaud, froid l'indiffèrent, il circule et se reproduit – en variants et sous-variants - depuis son ancêtre Cov19. Certains scientifiques émettent l'idée que ce sera – avec les moustiques – probablement la prochaine espèce dominante.

Pigeonnier dans le Lot : Graphite

BRIBES d'ADOLESCENCE

C'était un grand garçon de 17 ans environ. Je ne vis d'abord de lui dans la nuit tombante que son chapeau de feutre paysan coiffé en arrière et sa blouse noire sanglée d'une ceinture comme en portent les écoliers. Je pus distinguer aussi qu'il souriait.
Quelqu'un a éteint la lampe autour de laquelle nous étions une famille heureuse, à la nuit, lorsque mon père avait accroché les volets de bois aux portes vitrées. Et celui-là, ce fut Augustin Meaulnes, que les autres élèves appelèrent bientôt le grand Meaulnes.

Dans ma quête d'un bonheur chimérique, je rencontrai un Étranger, qui me parla ainsi :

« Aujourd'hui, maman est morte. Ou peut-être hier, je ne sais pas. J'ai reçu un message de l'asile : « Mère décédée, enterrement demain, sentiments distingués ». Ca ne veut rien dire, c'était peut-être hier.
J'ai fermé mes fenêtres et en revenant j'ai vu dans la glace un bout de table où ma lampe à alcool voisinait avec des morceaux de pain. J'ai pensé que c'était toujours un dimanche de tiré, que maman était maintenant enterrée, que j'allais reprendre mon travail et que, somme toute, il n'y a rien de changé.
Tout mon être s'est tendu, et j'ai crispé ma main sur le revolver. La gâchette a cédé, j'ai touché le ventre poli de la crosse et c'est là, dans le bruit à la fois sec et assourdissant, que tout a commencé. J'ai secoué la sueur et le soleil, j'ai compris que j'avais détruit l'équilibre du jour, le silence exceptionnel d'une plage où j'avais été heureux. Alors, j'ai tiré encore quatre fois sur un corps inerte où les balles s'enfonçaient sans qu'il y parut. Et c'était comme quatre coups brefs que je frappais sur la porte du malheur. »

« Mais lui m'a arrêté. Il voulait savoir comment je voyais cette autre vie. Alors je lui ai crié « une vie où je pourrais me souvenir de celle-ci ».

Dans ma prison, j'ai fait la connaissance d'une rock star qui me dit s'appeler Steven et me raconta son séjour en hôpital psychiatrique :

« Je suis parti depuis 14 jours. J'aurais pu être parti plus. Retenu dans la salle de soins intensifs, couché par terre, je suis parti tout ce temps mais je n'étais pas seul… Je me suis fait plein d'amis dans la zone dangereuse. Je vois passer ma vie solitaire, je la vois tous les jours, je vois mon cerveau solitaire exploser depuis que je suis parti. Je crois…je crois que j'ai perdu du poids ici et je suis sûr que j'ai besoin de repos. Le sommeil ne vient pas facilement dans cette étroite veste blanche. J'aimerais voir cette petite enfant… elle n'a que quatre ans. Je lui rendrais tous ses jouets, même, même ceux que j'ai volés… »

Tu sais, Étranger, moi aussi dans mon asile, j'ai rencontré toutefois un drôle d'oiseau céleste, plus fou que moi. Il se prenait pour un extraterrestre…

Ziggy chantait vraiment, les yeux allumés et les cheveux plaqués, comme ces types branchés au Japon. Il pouvait les lécher d'un seul sourire et les envoyer se faire pendre. Il en faisait des tonnes, bien monté et maquillé de blanc.
Ziggy gagnait du temps, nous prêchant que nous étions des vaudous. Les gens n'étaient que des idiots et il était le Messie. Avec un putain de don de Dieu, il allait beaucoup trop loin

mais, bon sang, comme il savait jouer….Faisant l'amour avec son ego, Ziggy s'est rongé le cerveau, comme un Messie Lépreux….

Rejoignant les étoiles, j'aperçus alors une grande créature argentée, à moitié nue, juchée sur une planche de surf.

Haut sur le toit du monde, il s'élève, libre et sans entraves, comme le vent rugissant. Voyez le fils franchir un trillion de galaxies, l'étranger infatigable accouru des contrées les plus reculées de l'espace. Reflet étincelant en quête de vérité que l'homme appellera à jamais le Surfer d'argent. Partout, la même chose : la haine, la peur et l'agressivité brûlent le coeur des hommes.
« Quand donc, pourrai-je revoir de mes yeux les merveilles sans cesse renouvelées du cosmos ? Combien de temps encore, avant que mon exil ne prenne fin et que je retourne sur la terre qui m'a donné naissance ?
Me voilà seul et oublié à présent sur ce monde hostile…Moi qui ai chevauché les vagues de l'infini, exilé à jamais, sur cette sphère, solitaire. »

Parfois, dit le surfer, je me prends à envier Ulysse, lui qui a pu rejoindre les siens au bout de vingt ans…

« N'aie plus de crainte Pénélope, Athéna a eu pitié de toi et tu reverras Télémaque. »
« Athéna ? Tu peux entendre sa voix ? Mais alors dis-moi : Ulysse, où est Ulysse ? »

« Comment te nomme-t-on ? Parle ! »

« Je vais t'apprendre quel est mon nom le plus célèbre Polyphème, j'accepte de te le révéler, mais après tu me donneras ce que tu m'as promis… Ecoute-moi : je m'appelle Personne. C'est mon père qui m'a nommé ainsi et mes compagnons aussi me nomment Personne. »

« Personne ? Tu seras le dernier a te faire dévorer, je mangerai d'abord tous tes compagnons. C'est ma façon a moi de te remercier… mon hôte ! Ah ah ah ! »

Et pendant que moi, Ulysse, roi d'Ithaque, je mijotais le plan qui me permettrait d'échapper au Cyclope, loin, très loin de la Terre, se jouait un autre drame....

« Allô Allô, ici la Terre...fusée lunaire, répondez. Allô ? Allô ? »
« Mon Dieu, si nous avions commis une erreur dans nos calculs ? Ce serait épouvantable ! »
« Allô Allô fusée lunaire ? (aboiements Milou) »
« Le chien, c'est leur chien qui répond ! »
« Tintin, Tintin, réveille-toi ! »

C'est étrange, pensa Tintin, pendant ma syncope, j'ai rêvé d'un homme-singe...

Accroupi sur la table, dans la cabane construite par son père, son petit corps nu, lisse et brun, penché sur le livre qu'il tenait dans ses mains fines, ses longs cheveux noirs tombant de sa tête bien faite, sur ses yeux brillants et intelligents, Tarzan, l'enfant des singes, le petit homme primitif, formait un tableau touchant plein d' émotions et de promesses. La figure allégorique de l'humanité tâtonnant dans la nuit de l'ignorance, vers la lumière de la connaissance.

Si j'ai découvert bien des mystères, affronté bien des dangers, moi Tarzan, fus particulièrement troublé par une rencontre avec un extraterrestre tueur....

La mer, le ciel, mystères insondables… Par une nuit sans lune, un phénomène hallucinant, une boule gigantesque, incandescente, tombe sur une plage déserte. Une chose vivante en sort, jeune, aux yeux étranges et terrifiants, qui jettent des éclats diaboliques. Personne ne saurait dire si c'est un être humain…
Wampus...être maléfique venu d'une lointaine galaxie, a pour mission de détruire la civilisation humaine. Mais les hommes l'ignorent, d'autant plus que Wampus, grâce à l'action de l'eau, change continuellement d'aspect. Jean Sten, un ex-agent des services secrets français, connaît le véritable Wampus. Il sait ce que veut Wampus. Il a compris que c'est en l'attaquant avec le feu qu'il peut lui rendre son aspect véritable. Mais Jean Sten est traqué, persécuté, on le prend pour un fou et Wampus le laisse pour mort et disparaît, transformé en aigle royal. Il quitte la France afin de poursuivre ailleurs son œuvre de destruction…

OK, ok, je ne fus pas particulièrement tendre avec l'humanité… Mais un siècle plus tôt, au coeur de l'Angleterre Victorienne, une autre créature monstrueuse fit beaucoup parler d'elle ...

Quand la diligence se mit en route, les gens qui devant l'hôtel s'étaient rassemblés de plus en plus nombreux, firent tous ensemble le signe de la croix puis dirigèrent vers moi

l'index et le majeur. Non sans quelques difficultés, je parvins à me faire expliquer par l'un de mes compagnons de voyage ce que ces gestes signifiaient. Ils voulaient me défendre ainsi, me dit-il, contre le mauvais œil. Nouvelle plutôt désagréable pour moi qui partais vers l'inconnu.
« Soyez le bienvenu chez moi, entrez de votre plein gré, entrez sans crainte et laissez ici un peu du bonheur que vous apportez… »
Ces sentiments pourtant, firent bientôt place à la répulsion et à la frayeur, quand je vis le comte Dracula sortir lentement par la fenêtre et se mettre à ramper, la tête la première contre le mur du château ! Il s'accrochait ainsi au-dessus de cet abîme vertigineux et son manteau s'étalait de part et d'autre de son corps, comme deux grandes ailes. Je ne pouvais en croire mes yeux ! Je pensais que c'était un effet du clair de lune, un jeu d'ombres, mais en regardant toujours plus attentivement, je compris que je ne me trompais pas. Je voyais parfaitement les doigts et les orteils qui s'agrippaient aux rebords de chaque pierre, dont les années avaient enlevé le mortier, et utilisant ainsi chaque aspérité, il descendit rapidement exactement comme un lézard se déplace le long du mur. Quel homme est-ce, ou plutôt quel genre de créature sous l'apparence d'un homme ? Plus que jamais, je sens l'horreur de ce lieu, j'ai peur, j'ai terriblement peur, il m'est impossible de m'enfuir...

Ah, si ce pauvre Henry avait pu connaître Mandrake, le célèbre magicien !

- Il nous faut sortir d'ici !
- Pas d'autre issue que cette porte-là... Patron, la porte va céder !
- Enfoncez la porte et tuez les esclaves qui ont osé enlever notre déesse, allez, tuez-les tous les deux !

Mais Mandrake fait un geste hypnotique et les hommes des cavernes voient le magicien et ses amis disparaître en fumée...

Planant au-dessus de la planète des singes, Mandrake et son fidèle serviteur Lothar aperçurent, de très haut, le capitaine Taylor. Dès qu'ils l'eurent rejoint, celui-ci leur raconta son aventure, à partir de l'atterrissage de son vaisseau.

« Mon attention fut d'abord retenue toute entière par un personnage immobile, à trente pas de moi, qui regardait dans ma direction. Je faillis pousser un cri de surprise ! Oui, malgré ma terreur, malgré le tragique de ma propre position - j'étais pris entre les rabatteurs et les tireurs- la stupéfaction effaça tout autre sentiment quand je vis cette créature à l'affût, guettant le passage du gibier. Car cet être était un singe, un gorille de belle taille... J'avais beau me répéter que je devenais fou, je ne pouvais nourrir le moindre doute sur son espèce.
- La zone interdite ressemblait autre fois à un paradis. Mais la folie des hommes l'a transformée en un désert il y a près de 2000 ans !
- Ca n'est pas une explication. Une planète où les singes descendent des hommes... Il doit y avoir une réponse.
- Ne la cherchez pas Taylor. Vous n'aimerez peut-être pas ce que vous allez découvrir...

« Ca n'est pas vrai, ca n'est pas possible... Deux mille ans plus tard, nous étions revenus sur la Terre... Ce monde de cauchemar, c'est la Terre ! Les criminels, ils les ont fait sauter leurs bombes ! Ah les fous ! Je vous hais, soyez maudits jusqu'à la fin des siècles !... »

Chevauchant sans but le long de l'océan,
j'aperçus un jour quelqu'un sur la plage,
quelqu'un qui semblait errer comme moi,
depuis toujours et pour l' éternité.
C'était un grand garçon de 17 ans environ...

Bribes est un patchwork de textes et de personnages, fictifs ou réels, qui ont marqué mon adolescence. Que soient donc remerciés les auteurs ci-dessous :

Alain Fournier, Albert Camus, Alice Cooper, David Bowie, Stan Lee, Homère, Hergé, EdgarRice Burroughs, Marcel Navarro, Bram Stoker, Phil Davis, Franklin Schaffner

~

Roquefixade (Ariège) : Encre et acrylique

L'ADIEU AUX BISES

Adieu les bises, je vous aimais bien,

mais il faut que je vous dise,

nous n'irons pas plus loin.

Feutrées, câlines, ou carrément sensuelles,

appuyées, suggérées, ou juste fantasmées,

vous fîtes au séduire la part belle

avant, par le virus, d'être déclassées.

Amorce d'une suite, ou simple mécanique,

devenues sataniques,

on vous contraint à l'exil

Ce n'est pas qu'on vous aime plus,

mais cette vilaine bête

joue avec nous les têtues

et nous cherche des poux dans la tête.

Roquefixade (Ariège) : Encre

GECKO BLUES

Dans mon jardin -signe du changement climatique ?- vit un couple de geckos flegmatiques. Évitant, contrairement à leurs cousins lézards, de se prélasser au soleil, ils ne sortent jamais au hasard, les chats étant trop en éveil.

La nuit venue, dans la clarté lunaire, j'admire les motifs étranges qui parsèment leur corps accrochés au mur, la tête en bas.

Et devant ces petites vies en apparence figées, je me dis que, peut-être, si nous n'avions jamais dépassé ce stade d'inertie suspensive, peut-être, l'avenir du vivant serait-il encore envisageable.

~

La vieillesse, c'est la décroissance imposée

~

CONTEMPLATION

Sur mon espace vert préféré, la biodiversité existe encore : moineaux, corneilles, pies, milans, parfois même aigrettes ou hérons.
Seule ombre au tableau : l'écho permanent de l'autoroute, à quelques centaines de mètres. J'exclurais bien les véhicules à moteur des espèces à protéger.
Mais, avec un peu d'autosuggestion et pas mal d'entraînement, j'arrive à transformer cette onde néfaste en cascade montagnarde ou encore en flux et reflux d'une mer un peu agitée.

FABLE

L'homme dit :
« L'animal doit disparaître : Covid, Variole, ESB, combien d'autres cochonneries attendrons-nous qu'il nous transmette encore ? »
La mesure fut acceptée.

L'animal dit :
« L'homme doit disparaître ! Pollution, réchauffement climatique, élevage et massacres intensifs, c'en est assez ! »
La mesure fut acceptée.

Dieu pensa : « Où est-ce que j'ai merdé ? »

| EMBOUTEILLAGE DE SENS 2 |

ETERNEPHEMERITE

| EGOTISTE 2 |

SI JE N'EXISTAIS PAS, QUI M'INVENTERAIT ?

HAIKUS

Défiant l'orage, la côte s'aventure

*Aussi serein qu'un lac, l'océan trahit
sa légende*

Témoins ou gardiens, sous la douceur cotonneuse

Sous le retrait de l'onde, rosit le sable

Bleus parallèles, sur la frange d'écume

Minéral/animal, le rocher se rêve en dinosaure

Caresse d'émeraude

sur la peau dorée

La pierre rassure

le bois montre le chemin

*Cheminées et toitures
comme chapeaux de fête*

Ombre fugace,

fraîche retraite

Veille la tour

sur le village assoupi

Marches hésitantes

vers quelle révélation ?

Ferveur et protection

élan vers le divin

Sous les stries et les rides

éternelle demeure

L'ENREGISTREUR DE PENSÉE

Il m'attendait. Il m'attendait, car comment expliquer sinon que je sois le seul à le remarquer, au milieu du fatras étalé à même le sol, dans ce vide-grenier improbable de ce village improbable ?
Je n'eus même pas besoin de marchander, car le vendeur n'avait aucune idée ni de la valeur de l'objet, ni souvenir de sa provenance. Il me le céda pour un prix dérisoire et je m'empressai de rentrer chez moi, avide d'étrenner l'engin. Le soir venu, je me couchai plus tôt que d'habitude, dépliai les câbles, fixai les récepteurs sur mes tempes (cerveau droit, cerveau gauche) et branchai l'appareil.
Comme d'habitude, l'endormissement fut un va et vient de pensées tantôt ordonnées, tantôt chaotiques, un enchevêtrement de scénarios alambiqués, un capharnaüm dans lequel un psychotique ne retrouverait pas ses petits. Mais un capharnaüm si riche à exploiter que je le préfère aux rêves
 - d'où ce désir qui me tiraillait depuis longtemps d'en garder une trace -. Puis, les cycles de sommeil se succédant, j'oubliai tout, comme d'habitude, et finis ma nuit paisiblement, tel un athlète qui, sûr de son avance sur les autres, peut se permettre de terminer sa course en petites foulées.
Au réveil, une pointe d'angoisse me fit hésiter à écouter l'enregistrement : et si tout cela n'avait aucun sens, si ce petit boîtier n'était rien d'autre qu'un O.A.C. (Objet A Couillon) ?
J'appuyai néanmoins sur la touche 'ON' et là, le miracle advint : En une transcription vocale à la syntaxe certes approximative mais de fort bonne qualité audio, l'enregistrement récapitulait en détail toutes les pensées qui avaient précédé et accompagné mon endormissement !
Comment ce petit boîtier anodin pouvait-il effectuer une telle prouesse, je ne m'en souciais pas plus que de ma première faute de syntaxe. Ce qui me réjouit alors fût qu'enfin, je

pouvais tracer, conserver et exploiter ces moments d'intense ébullition qui jusque-là tombaient irrémédiablement dans l'oubli... Du jour – ou plutôt de la nuit – au lendemain, ma production littéraire jusque-là fort poussive suivit une courbe ascendante, fulgurante, j'étais comme un cycliste gavé d'E.P.O.

𝓔 criture

       𝓟 oésie

              𝓞 uvroir aux mystères

 Bibliothécaire à la retraite, je me suis lancé dans la publication en 2021. Ceci est mon deuxième recueil de poésies et textes divers. Les illustrations, en particulier dans le cadre des haïkus, me permettent d'associer pratique artistique (sous le nom de Didjé) et pratique littéraire.

© 2022 JEAN, Didier
Édition : BoD – Books on Demand, info@bod.fr
Impression : BoD – Books on Demand, In de Tarpen 42,
Norderstedt (Allemagne)
Impression à la demande
ISBN : 978-2-3224-6133-2
Dépôt légal : Décembre 2022